Spanish Reader For Advanced Students
The fifth volume of the series
Spanish Reader for Beginners, Intermediate & Advanced Students

La Bruja Del Pueblo y Otros Cuentos
A unique creation
by
Iris Acevedo A.

CostaRica SpanishOnline
The first online Spanish school in Costa Rica

Spanish Reader for Advanced Students

Spanish Reader for Beginners, Intermediate & Advanced Students, Volume 5

Iris Acevedo A.

Published by Iris Acevedo A., 2018.

Copyright©2015 by CostaRica SpanishOnline. All rights reserved. No part of this publication may be reproduced or distributed in any form or by any means, or stored in a database or retrieval system, without the prior written permission of the publisher. All characters appearing in this work are fictitious. Any resemblance to real persons, living or dead, is merely coincidental.

Tabla de Contenido

Derechos de Autor 1

INTRODUCTION 4

La Bruja Del Pueblo 5

Y de esta forma comienza aquí, | la historia de doña Teresa. 29

El Grito 39

INTRODUCTION

Spanish Reader for Advanced Students intended for Spanish language learners who wish to review Grammatical Structures that often require additional work: The Preterit and Imperfect Tenses, The Present Subjunctive and The Imperfect Subjunctive among others.

Spanish Reader Advanced Students is the fifth book of the new series of Spanish Readers: *Spanish Readers for Beginner, Intermediate, and Advanced Students.*

Here you will learn and practice Spanish with a unique collection of short stories in Spanish (Latin America) written with Grammar Structures in mind.

This collection of short stories is a unique creation of *CostaRica SpanishOnline*, the first online Spanish school in Costa Rica to offer immersion Spanish courses via Skype.

Each volume, starting with Beginner I to Advanced III provides short stories that keep the reader guessing until you reach the end with an unusual twist that will keep you interested. The purpose of this learning technique is that independent students learn Grammar as they become immersed in the storyline.

You will find a unique blend of cultural and social aspects in Latin America -particularly Costa Rica-, modern and traditional lifestyles, transitional phrases, Grammatical Structures that are adequate for each particular level as well as a unique form of entertainment, and extensive practice of Grammatical Structures. We guarantee that you will achieve full understanding of structures, new vocabulary, and fluency in conversation.

I hope you find this Spanish Reader useful as well as entertaining.
Iris Acevedo A.
Founder

La Bruja Del Pueblo

Esta fue la primera vez que Cristal vio a la anciana, quien es la principal protagonista del cuento a continuación.

Su madre, una hermosa mujer de cuarenta años de edad de pelo castaño y nariz alargada, se apuraba para preparar el almuerzo antes de salir con ella en dirección a las montañas ubicadas al sur del Valle Central.

Doña María era todavía una mujer sumamente atractiva, a pesar de las constantes preocupaciones financieras que comenzaban ya a dejar visibles marcas de sufrimiento en su semblante.

Siendo ésta una señora de muy buen gusto para vestir usaba vestidos que ella misma confeccionaba, pues su padre le había enseñado a hacer toda una extensa variedad de cosas: incluyendo confección de ropa y otras cosas.

Poco acostumbrado en las damas de esa época, doña María se caracterizaba por ser una señora totalmente independiente, gracias a todas las experiencias a las que fue expuesta en casa de un padre inmigrante de Alemania y cinco hermanos cuyos intereses abarcaban diversos pasatiempos.

Sus vestidos, de múltiples diseños, evidentemente habían sido confeccionados con patrones de alta costura y una mezcla de paciencia y esmero.

Después de muchos años, doña María se convirtió en un ama de casa dedicada; aunque, últimamente estaba sumamente ocupada con la venta de la finca que su padre le había heredado, y que tantos problemas le estaba causando debido a personas inescrupulosas que intentaban engañarle.

No obstante, en su caso, esto resultaba prácticamente imposible.

Hoy le había pedido a su hija menor, Cristal, que la acompañara a visitar a "una amiga". -Vamos a ir donde una señora-, le dijo a Cristal.

- ¡Sí claro! -, respondió la niña alegremente.

-Cuando lleguemos-, dijo; quiero que te quedes en la sala mientras yo entro a hablar con ella.

A Cristal le extrañó que su madre le dijera que debía quedarse en la sala ya que durante todas las visitas que ellas hacían a las casas de las amigas de doña María, la niña le acompañaba, se sentaba en la mesa del comedor, y como de costumbre, había un lugar dispuesto para ella en la mesa.

Cuando todas las señoras se sentaban a la mesa, por unos instantes, su mundo de niña desaparecía para transformarse en la vida cotidiana de una mujer casada, con hijos y una extensa variedad de problemas. Ella se sentía sumamente privilegiada por tener acceso a todas las historias de esas señoras, pues éstas hablaban de los hijos, de sus vidas privadas, y, por último; exclusivamente de sus maridos.

Si en tantas ocasiones yo he sido una aliada y confidente de sus profundos e innumerables secretos, ¿Por qué en esta oportunidad mi madre me dice que debo permanecer en la sala? -pensó.

¡Ya llegamos! -, exclamó su madre efusivamente, al bajarse del taxi que había contratado la noche anterior para que las llevara hasta la casa de su amiga.

Tal y como lo había planeado doña María con anterioridad, ellas dejaron la ciudad atrás a las nueve de la mañana, y ahora ambas se dirigían a las afueras de ésta, por una callecita angosta de lastre, a lo largo de una serie de pequeñas casas; cada una de ellas adornada con pequeñas flores de colores variados.

Pues bien, justo a las nueve y treinta, doña María y su pequeña hija se encontraban ya en el campo; lejos, muy lejos de la gran ciudad.

A ambos lados de la estrecha calle, podían verse algunas casas de madera pintadas de diferentes tonos de verde, color crema y otras de color rosado, pues para la década de los sesentas, ya se comenzaba a romper la tradición de pintar las casas solamente de color blanco.

Éstas eran casitas de campo construidas, poco a poco, por las manos industriosas de los campesinos de aquella zona, y en sus pequeños jardines podía uno admirar con detenimiento, una serie de árboles de limón criollo o de naranja. Además, en los jardines de enfrente, sus dueños dejaban crecer un ciprés de baja estatura, el cual nunca faltaba en sus patios; debido a las bajas y extremas temperaturas que prevalecían en la zona.

En algunas ocasiones, las casas eran tan humildes y sencillas, que los árboles que en sus patios crecían, colmados de flores de color fuego y frutos verdes o maduros, eran los únicos tesoros materiales que ellos poseían.

No obstante, en aquellos tiempos previos al inicio de la extensa comercialización en las tierras de Centro América, estos adornos eran considerados más que suficientes para traer la felicidad a sus dueños.

La niña estaba bastante sorprendida ya que las amigas de su madre eran señoras de cierta clase social, y en el instante en el cual la calle de lastre se tornó en un camino lavado por las fuertes lluvias que imperaban en la montaña, de repente, su corazón le susurró al oído que su madre ciertamente le estaba ocultando algo.

Pues, no era éste un barrio de clase alta.

No obstante, ella supo que era mejor esperar, y de esta forma, descubrir por sí misma, la causa de tanto misterio.

Una vez trascurrido el segundo kilómetro calle arriba, después de dejar atrás la iglesia del pueblo, el camino comenzaba a tornarse cada vez más estrecho. De repente, éste se tornó empinado; a tal punto que las llantas del carro empezaron a resbalar sobre las piedras redondas; y justo por esta razón, el taxista se vio forzado a detenerse con el propósito de activar la doble tracción.

Éste, experto conductor, detuvo la marcha y mirando por el espejo retrovisor anunció: No se preocupen; solamente voy a bajarme para meter la doble tracción.

En esos tiempos, los únicos jeeps que se utilizaban en el país eran de marca: Willys, Land Rover y Toyota; los cuales requerían que el chofer se bajara del carro y arrodillándose en el suelo, activara la doble tracción cerca o directamente en las llantas delanteras del auto.

Una vez que don Carlos activó la doble tracción, se limpió las manos en los pantalones y abriendo la puerta del conductor, se sentó en el asiento; no sin antes decir: ¡Ya estamos listos!

Seguidamente, el carro inició el lento ascenso; esquivando piedras y lanzando otras a ambos lados del camino. De no haber podido subir, ellas habrían tenido que iniciar una larga caminata cuesta arriba.

- ¿Ustedes van para donde doña Teresa? -, le preguntó el taxista a doña María, al mismo tiempo que éste realizaba expertas maniobras estratégicas que le permitían al carro sobrepasar, uno a uno, los retos que el camino le ofrecía a manos llenas.

- ¡Sí señor! -, contestó doña María, deseando que la conversación no pasara a más, pues indudablemente ella deseaba aprender las maniobras ejecutadas por el conductor y deseaba enfocar toda su atención en esto.

Una vez que don Carlos se percató sobre el interés que doña María mostraba en aprender a manejar bajo tales circunstancias, el señor le sonrió, pues era un hombre sumamente agradable; acostumbrado a llevar todo tipo de personas en su taxi.

Por otra parte, Cristal pudo notar que el señor era un hombre prudente, cuyo único propósito era intentar hacer un poco de conversación; y de esta forma, amainar el temor de las mujeres ante un terreno tan agreste y salvaje.

-Hace muchos años que la gente me contrata para que los traiga donde doña Teresa-, dijo alegremente y con cierto orgullo visible en el tono de su voz-. Todavía tenemos buen tiempo, no obstante, en octubre, mi hermano los trae a caballo.

- ¿Usted conoce a doña Teresa? -, preguntó doña María con alegría ante el interesante comentario del señor, pues no deseaba dejar a éste hablando solo.

Además, el hecho de que éste conociera a la anciana, le produjo gran curiosidad.

-Desde que tengo memoria-, respondió él efusivamente al igual que sumamente agradecido por la pregunta. Y luego de una breve pausa añadió: Mi madre...¡qué en paz descanse!... me trajo aquí cuando yo tenía apenas siete años. Es decir, que en ese entonces doña Teresa era aún una muchacha de solamente quince años de edad.

- ¡Cómo puede ser! -, exclamó doña María sorprendida por los detalles tan particulares del relato del conductor.

- ¡Sí, señora! -, dijo él-. Desde ese entonces, doña Teresa ya era la doña Teresa que conocemos hoy en día.

-Don Carlos-, exclamó mi madre de pronto-. Por favor; déjenos aquí y dígame de una vez, cuánto le debo.

-Deme mil colones... para no maltratarla mucho-, respondió él con su habitual sonrisa.

Seguidamente, miró a la señora por el espejo retrovisor y preguntó: -Doña María; ¿no prefiere usted que las espere? ¡Siento que va a llover! -, dijo él mientras la señora sacaba el dinero del bolso de cuero y se disponía a pagarle.

-No gracias don Carlos, realmente no es necesario; sin embargo, le agradezco el ofrecimiento-, contestó la señora con amabilidad; como siempre lo hacía.

-Bueno; entonces... ¡Qué les vaya bien! -, añadió él, haciendo un gesto de despedida con su mano.

Tanto la madre como su hija se bajaron del carro y observaron como éste se alejaba para continuar su calvario cuesta arriba, dando brincos y saltos por aquel camino cuyo destino terminaba en un potrero; el cual, hasta ese día, aún era tierra de nadie.

Es así como ambas lo observaron, hasta que se perdió de vista; al doblar a la derecha en la tercera curva después de pasar en medio de las piedras del riachuelo

- ¡Aquí estamos! -, dijo su madre, al mismo tiempo que ambas subían la mirada y con ojos sorprendidos ante semejante paisaje, miraban la montaña imponente que se hallaba frente a ellas.

Pronto, una leve brisa se dejó venir desde la cima del cerro y pasó rozando sus caras; luego, ésta se metió por el portón de la propiedad; sin dejar rastro.

Esta es la famosa montaña que los indígenas del pueblo llamaron *Pico Blanco*, debido a que su forma cónica se perdía entre las nubes- pensó la niña para sí, recordando entonces las lecciones de Geografía e Historia que su padre le daba, inspirado por las noches de lluvias intensas durante los meses de setiembre, octubre, y también de noviembre.

Ahora bien, la casa de doña Teresa era la última casa al lado del camino, y éste continuaba unos kilómetros más adelante, bordeando hermosas fincas que se extendían hasta perderse en la cima del cerro, algunas de ellas inclusive, bajaban por el extremo sur de la montaña hasta llegar a las tierras de San Ignacio de Acosta.

Tanto la madre como la niña se habían bajado del auto, justo frente al pequeño portón de madera de cenízaro que le indicaba la entrada a la casa de la amiga de su madre.

La mamá le ofreció su mano a la hija para ayudar a ésta a saltar el caño que separaba el camino del portón.

La verdad es que éste era un pequeño portón hecho de madera de un árbol de cenízaro que, perdiendo la batalla ante las fuertes ráfagas de viento un mes de diciembre, se había dejado caer; abatido por largas horas de enfrentamiento.

Al siguiente, el padre de doña Teresa lo había recogido y tomando sus herramientas de ebanista, lo convirtió en un hermoso portón; y de esta forma, le otorgó los altos honores que éste merecía.

Ahora, un poco despintado debido a los largos años de soportar las abundantes e intensas lluvias imperantes en la zona, éste continuaba aun sirviendo su noble propósito.

Las anchas bisagras de bronce, que por tantos años lo habían sujetado a los postes de la cerca, eran ahora solamente vestigios de sus mejores años.

Ahora, la labor de sujetarlo, la realizaban dos fuertes enredaderas colmadas de campanas azules de mediano tamaño, cuyos tallos se habían entrelazado entre sí, con el fin de protegerse el uno al otro de las inesperadas ráfagas de viento que soplaba en enero.

Por esta razón, y sólo por esta razón, los fornidos troncos, habían logrado así suplantar las bisagras herrumbradas; y ahora, eran los encargados de sujetar el portón ayudando a éste a llevar a cabo su honorable misión.

Mediante un breve esfuerzo, doña María lo empujó suavemente, hasta lograr abrirlo, de forma que su hija pudiera pasar por él sin rasgar su ropa, debido a las astillas que sobresalían de sus antiguas piezas, sujetas todas por medio de viejos tornillos herrumbrados.

Seguidamente, ambas mujeres iniciaron la caminata que las llevaría en forma directa, hasta la casa de doña Teresa. A la izquierda, se podía observar que la vegetación era sumamente escasa, indicándoles así, que el sendero a seguir era precisamente éste.

A la derecha, su vista se topó de frente con un árbol de jacaranda, cuyas dimensiones impedían el paso.

Por lo tanto, no había otro camino más que seguir el sendero a la izquierda. Y, tomando una larga bocanada de aire, comenzaron ambas la caminata por el estrecho y largo sendero, en cuyos bordes desiguales, abundaban plantas de fresa con flores blancas; así como plantas de frambuesa y grosellas.

Caminaron pues, hasta llegar a un claro; justo en medio de un inmenso bosque de impresionante densidad de tonalidades de verde y azul, entremezcladas de cuando en cuando, con flores rojas, blancas y amarillas.

Cada enorme árbol que en él se encontraba había establecido desde hacía décadas ya, su propio hogar; creciendo hasta que sus frondosas copas rozaban las densas nubes; características del lugar.

De vez en cuando, se dejaba ver un rayito de luz que les alumbraba el camino a las dos mujeres. No obstante, todo estaba tan oscuro que parecía como si ambas estuvieran caminando en el bosque minutos antes del atardecer.

La niña caminaba en silencio, colocando sus zapatos cuidadosamente sobre pequeñas piedras rojas y ramas, confiando en la experiencia y el notorio valor de su madre.

A pesar de que su madre le había dicho a ésta que caminara con la vista al frente y al fondo, la niña no podía resistir la tentación de observar todo lo que se encontraba a ambos lados del camino, al mismo tiempo que intentaba mirar a través de la espesura del bosque.

De repente, Cristal notó la presencia de tres pequeñas aves de bello y espeso plumaje azul y pico color rosa, que volaban muy bajo, casi rozando sus pies. Las aves volaban con lentitud; a escasa altura, y por unos instantes, rozaban apenas las prominentes raíces de los árboles de bosque primario, que las constantes y fuertes lluvias de la estación lluviosa habían dejado expuestas, con el fin de ofrecer a los visitantes unos cuántos peldaños que les ayudaran a continuar el camino hacia la casa de doña Teresa.

Aquellas aves, de pronto y de forma silenciosa se posaron sobre las raíces, a menos de un metro de distancia de la niña y su madre, para esperar a que ellas pasaran a su lado.

Luego, sin previo aviso, salieron volando para posarse en las ramas más bajas de un árbol de manzana de agua, y de este modo, esperar que los insectos polinizadores se pusieran a trabajar y lograr así, el pan de cada día.

Cristal "sintió" que las aves deseaban indicarles el camino que poco a poco, iba tomando rumbo hacia la derecha. De pronto, a muy corta distancia, se escuchó el canto fluido de un ave que se había posado sobre una de las ramas más bajas de un árbol de mandarina; a escasos tres metros de ellas.

Con gran asombro, la niña pudo observar que sus frutas eran un poco más grandes que los de otros árboles de tan preciado fruto.

Por esta razón, al acercarse ella a paso lento, para no asustar el ave, su madre le indicó que notara los colores del plumaje: verde lima con azul turquesa.

Indudablemente, era una mezcla de colores tornasol que no dejaban entrever con exactitud donde comenzaba uno y el lugar donde terminaba el otro.

El ave las miraba con gran humildad, sin imaginarse la forma en la cual su belleza las había cautivado.

-Cuando un pájaro *Bobo* se aparece a tu izquierda de pronto, éste quiere que uno sepa que todo va a salir bien-, le dijo su mamá, con el cansado rostro iluminado ahora por la esperanza.

En ese preciso instante, la niña aprendió de memoria el nombre del ave que las acompañaba; y aproximadamente a escasos veinte pasos más adelante, tanto Cristal como su madre, con gran regocijo lograron divisar el techo de la casita.

Hasta aquel instante, el camino les había parecido eterno. Sin embargo, ya se estaban acercando a la casa que aparecía cada vez más grande ante sus ojos.

- ¡Ya llegamos! -, exclamó la madre con alegría, bajando la mirada hasta los pies de la niña, y mirando éstos, preguntó: - ¿Te duelen los pies?
-
- ¡No mamá! -, le respondió ella, intentando sin éxito, disimular el cansancio que se había apoderado de cada una de las partes de su cuerpo; asimismo, el dolor que causaba agudas punzadas en los dedos de sus pies.

Al acercarse cada vez más, ambas pudieron notar que la casa estaba rodeada por un jardín sembrado de Reinas de la Noche de color melocotón combinado con rosado pálido; justo al lado de una baranda delgada de madera que abrazaba la casa con cariño y recelo a la vez.

Ésta, rodeaba el corredor cuyo piso estaba cubierto por azulejos antiguos, con medianos diseños de arabescos en amarillo oscuro y marrón rojizo, que contrastaban levemente, con el amarillo pálido de las paredes.

Una vez que las dos mujeres llegaron hasta la casa, notaron tres peldaños cubiertos por pequeños helechos en forma de cola de pez.

- ¡Subamos y tocamos la puerta! -, murmuró doña María en voz baja.

Entonces, la madre se adelantó unos pasos y tocó la puerta que se hallaba entreabierta. – ¡Pase! -, les indicó con efusividad una voz de mujer que provenía del interior de la vivienda.

Por un momento, la niña permaneció de pie mirando la salita. Sus ojos la recorrieron en menos de un instante. Justo en el centro de ésta se encontraba una pequeña mesa de madera en forma redonda; un poco desgastada ya, por largos años de escuchar innumerables relatos de los visitantes que a diario llegaban ahí y soportar los cambios de temperatura cuando éstos colocaban sobre ella vasos con agua de hielo.

La mesa estaba rodeada por seis sillones; cada uno tapizados con tela de color celeste turquesa, y adornado por cojines de color amarillo con bordados que semejaban siluetas de diversas aves del bosque aledaño.

En un rincón de la amplia sala se hallaba dispuesta una diminuta mesa, hecha de hierro forjado y con patas finamente torneadas.

Además, el grueso vidrio azul que cubría ésta, sostenía sobre sus hombros una antigua estatuilla de madera esculpida con la silueta del Arcángel San Rafael; rodeada por tres velas de color rosa pálido al igual que por una docena de orquídeas amarillas, recién traídas de la montaña.

Al mirar hacia el fondo de la habitación, era inevitable observar con claridad las siluetas de las dos señoras que les habían invitado a pasar a la sala cuando la madre y su hija tocaron a la puerta. Al igual que la estatuilla del arcángel, la sombra de sus cabezas se proyectaba en la pared; efecto causado por la escasa luz que daban las velas.

Fue entonces que doña María le sugirió a su hija que se sentaran en uno de los sillones para esperar a doña Teresa, quien posiblemente, se encontraba ocupada en la consulta con uno de sus clientes.

-Pues, como te iba diciendo-, dijo una de las presentes, con la intención de romper el silencio-. Hace dos años, doña Teresa me aconsejó que no echara a Efraín de la casa; y a los dos meses, la mujer se fue con un doctor que el mismo Efraín le había presentado.

¡Qué vergüenza para él! -, exclamó la mujer levantando su mano derecha en el aire y colocando ésta sobre su frente.

- ¡Ella no se equivoca!... ¡Es impresionante! -, añadió la otra señora, sonriéndole a todos los presentes, como si deseara

contar con la aprobación de las recién llegadas y de los otros.

Y ¿a usted qué le trae por aquí? -, le preguntó súbitamente una de ellas a doña María.

En ese preciso instante, se escucharon unos pasos que provenían de una remota esquina de la sala de espera.

-Ya pueden pasar-, dijo la anciana, quien acababa de entrar silenciosamente a la habitación.

La anciana en cuestión era una señora de pelo canoso, recogido en una trenza francesa que caía por su espalda hasta llegar y detenerse justo a la altura de su cintura.

De hecho, Cristal quien en aquel entonces era solamente una niña, quedó muy impresionada al ver la dulce y penetrante mirada de sus ojos celestes.

Además, a ella le encantó el hecho de que la señora llevara puesto un traje confeccionado con tela de seda color verde bosque, cuidadosamente bordado con lentejuelas doradas, y cubierto por una larga pañoleta negra tejida con delicados hilos de oro y plata.

- ¡Ya las paso! -, le dijo a doña María mientras les indicaba mediante un gesto con la mano, a las señoras parlanchinas, que pasaran a la habitación contigua.

Cristal notó que su madre experimentaba un inmenso alivio al verse, de pronto, libre de tener que responder la pregunta de la señora hablantina e indiscreta, pues, doña María se caracterizaba por ser una persona callada, prudente y reservada; tanto en sus propios asuntos como en los asuntos de los demás.

- ¡Te salvó la campana! -, le comentó la niña a su madre con una sonrisa.

- ¡Sí!; por dicha nosotras no tuvimos que hablar con ellas! -, le respondió la madre a su hija, al mismo tiempo que tomaba sus manos entre las suyas para intentar calentarlas.

-Mamá... ¿Esa es doña Teresa? -, le preguntó Cristal con curiosidad.

-Si... ¿Qué impresión te causó? -, preguntó la madre, con deseos de conocer la opinión sincera de su hija.

-Me pareció muy dulce-, le respondió la niña, sin saber qué más decir.

Fue entonces que Cristal posó su mirada sobre una de las velas; de pronto atraída por la llama que había empezado a dar saltos. Posteriormente, la llama dio un último salto; y se apagó.

- ¡Ahora sí! -, dijo doña Teresa, una hora después, entrando a la salita.

Seguidamente, se dirigió hacia el sitio donde se encontraba doña María, quien ya se había puesto de pie de un salto al escuchar la voz de la anciana, y la saludó cariñosamente; como se saluda a una vieja amiga que uno conoce bien.

- ¡Qué gusto me da verte! -, le dijo la anciana a ésta, mientras las dos mujeres compartían un afectuoso y fuerte abrazo.

-Y... ¿Quién es esta niña tan valiente? -, preguntó de pronto la anciana, fijando sus ojos en los de Cristal.

-Ella es Cristal; mi hija menor-, respondió la madre con orgullo.

- ¡Ya veo!; pues, dejame decirte que tienes la nariz indígena de tu padre y los ojos verdes de tu tía Graciela-, añadió con ternura, pues también había sido gran amiga de su tía, quien había dejado su cuerpo en la tierra hacía ya cuatro años.

- ¡Espérame aquí! -, insistió la madre, haciendo un gesto con su mano para indicarle a su hija que se sentara.

- ¡Déjala que pase! -, respondió la anciana con entusiasmo en su voz.

Doña María miró a la anciana de forma respetuosa, y le ofreció la mano a la niña para que juntas entraran a la habitación en la cual habían estado las otras señoras anteriormente.

Instintivamente, los ojos de Cristal se dirigieron hacia la pared que estaba a la derecha de la alcoba, y pudo ver los retratos antiguos que colgaban de ella. Deben ser personas que ya han muerto-pensó para sí.

Luego de unos segundos, tanto Cristal como su madre procedieron a sentarse en dos sillas tapizadas con cuero rojo. De pronto, una vez que entró a la habitación, Doña Teresa se sentó en frente de ellas, tomando con ambas manos un vaso de cristal que estaba sobre una mesita debajo de la ventana. De inmediato, lo colocó justo frente a ella.

Ahora bien, la anciana cerró los ojos y empezó a susurrar una plegaria.

Tan pronto como acabó de pronunciar la última palabra, abrió los párpados y mirando a doña María fijamente, se acomodó en la silla para recostar su espalda contra ésta y colocar las manos sobre su regazo.

-María... dime... ¿qué te trae por aquí? -, preguntó fijando su profunda mirada en el fondo del vaso.

La primera reacción de doña María fue, por supuesto, contarle a la anciana que los vecinos de la localidad, donde ella y su esposo don José tenían una finca, le habían dicho a éste que el cuidador de la finca estaba vendiendo el ganado.

No obstante, cuando doña María y don José habían ido allá el fin de semana pasado, el hombre les había dicho que una vaquilla se había caído por un barranco y tres terneros habían muerto debido a una enfermedad de corta duración.

La anciana permaneció en silencio por unos instantes. Después, respiró hondo y dijo: ¡No; eso no es cierto! -, exclamó con certeza-.

Tengo que decirte que veo un camión con cajón de madera pintado de azul. También, veo un hombre de mediana estatura y de complexión clara.

La anciana hizo una breve pausa y luego de ésta, continuó: El ganado está encerrado en un corral, pero no es el corral de tu finca.

Te sugiero que le preguntes a tus vecinos-quienes han sido tan amables con ustedes- sobre el dueño del camión. Deben ir un martes y llegar allá por la noche para tomarle por sorpresa.

- ¿Por qué un martes, doña Teresa? -, preguntó doña María, ya que los martes su esposo estaba de guardia en el hospital y no le era posible acompañarla, como así él lo hubiera deseado.

-Mira, porque es el día que se me vino a la mente y es posible que sea el día que él saca el ganado y lo prepara para venderlo al día siguiente-, añadió la anciana con certeza.

Cristal miró a su madre de pronto, pues su rostro se había sonrojado a causa del profundo enojo que la embargaba. Ya la niña conocía esa reacción muy bien. Su madre, una mujer de carácter apacible, pero pronta a enojarse se encontraba a punto de perder la calma.

De hecho, la niña recordaba muy pocas ocasiones en las que ella hubiese perdido el control de éste. No obstante, en las contadas ocasiones en que lo había hecho, su semblante se sonrojaba y era mejor que todos se quitaran de su camino.

En este instante, su madre estaba sumamente alterada, sin embargo, se abstuvo de decir palabra alguna por respeto a la anciana y por no querer darle a su hija un ejemplo que fuera contraproducente.

Cristal sintió deseos de asomarse por la ventana y fue exactamente lo que hizo. Afuera, se podía ver la tarde que caía detrás de la montaña. Era un momento en que la montaña azul se rendía ante la puesta de sol, quien, sin pedirle a ésta permiso, la teñía de tonos cobrizos, para que seguidamente, la luna la tiñera de blanco.

Al mirar a doña María y notar el estado de ira en el que se encontraba ésta, la anciana dirigió la conversación hacia la niña.

- ¿Viste algo que te llamara la atención cuando venían caminando por el bosque? -, preguntó ésta con interés, mientras cubría el vaso de agua con un trozo de terciopelo rojo.

-Sí señora-, le respondió ella con una mezcla de genuina admiración y cortesía aprendida de su madre, debido a que ella le había enseñado a no responder con un simple *sí* o *no,* cuando la niña se dirigía a las personas mayores.

-Vi unas aves de plumaje azul que volaban muy bajo-, replicó-. Y, lo que más me sorprendió fue, que volaban muy cerca de nosotras sin mostrar temor, como generalmente lo hacen las aves. Luego vi un pájaro *Bobo* que se posó en una rama muy baja de un árbol de mandarina que está a la izquierda del sendero- añadió.

-Bueno; pues, fíjate que las aves azules son los fieles centinelas del bosque-, dijo la anciana-. Generalmente, ellas vuelan alto y van posándose de rama en rama mirando todo lo que sucede a su alrededor.

Cuando vuelan bajo-, prosiguió la anciana; sin mostrar temor, se debe a que ellas han notado mediante su innata habilidad que los nuevos visitantes son personas de intenciones nobles y se acercan a ellos para mostrarle el camino-, dijo ella, con alegría producida por la oportunidad de poder al fin, compartir los conocimientos acumulados por largos años de observación, con una persona que los pudiera comprender.

Y, no le bastó a ella con expresar solamente un pensamiento, pues tomando la mano de la niña entre las suyas prosiguió: el bello pájaro *Bobo* que viste muestra su presencia solamente cuando el visitante trae un problema que le agobia y el desenlace es positivo-, dijo-. El hecho de que estas aves se hayan presentado ante ustedes, desde luego indica que los espíritus de la luz las acompañan durante los problemas de sus vidas y las personas no deben temer, porque ellos se han encargado de brindarles su protección.

-Doña Teresa; un último comentario antes de irnos-, dijo doña María de pronto, una vez que recobrara su compostura-. Hace tres noches...sí, tres noches, Cristal vino a mi habitación como a eso de las dos de la mañana. Yo me desperté al oír sus pasos y encendí la lámpara para ver que sucedía.

Ella no tenía los ojos abiertos. A decir verdad, ella estaba caminando con los ojos cerrados. Al verla, yo me incorporé en la cama, permitiéndole así suficiente espacio para que se sentara a mi lado-, continuó la madre con voz temblorosa, pues ella estaba sumamente preocupada por la salud de su hija menor. Y, lo que a mí más me extrañó fue ver que ella no abría los ojos. Por lo tanto, apagué la lámpara por si la luz de ésta le estaba molestando, sin embargo, ella continuó allí; de pie, con los párpados cerrados.

Doña Teresa hizo un gesto de aprobación con la cabeza y con su mirada fija en la de su amiga, le motivó para que continuara con su relato.

-En todo caso-, continuó la madre-. Le tomé la mano y le pregunté si algo le sucedía.

Doña María le contó a la anciana la forma en que la niña le había dicho que había tenido un sueño en el que ella se encontraba en la finca de sus padres en medio del ganado.

La niña le había dicho que ahí había una vaca color crema con el cuerpo salpicado de manchas café que le miraba con tristeza.

-Aquí tenemos una personita muy importante-, dijo doña Teresa, inclinándose hacia delante para tomar la mano de Cristal.

- ¿En alguna otra ocasión has tenido más sueños donde hayas visto cosas que están sucediendo sin que tú lo supieras? -, preguntó la señora.

Instintivamente, la niña levantó la cabeza y fijó la mirada en las tablas que formaban el cielo raso. De igual forma que se le vino a la mente una serie de imágenes borrosas, también se le vino un conjunto de imágenes sumamente vívidas.

- ¡Sí señora! -, respondió con cierta timidez-. He tenido sueños con colores vívidos que no he podido olvidar.

-Esas imágenes vívidas son precisamente las que cuentan-, dijo la anciana, con alegría en su voz, un tanto cansada ya por tantos años de aconsejar a las personas-. Esas imágenes que se graban para siempre en tu memoria, y que provienen, precisamente de los sueños que tenemos cuando dormimos; ya sea durante el día o la noche, contienen mensajes que nos hablan de eventos cuyo desenlace se da en un tiempo entre el presente y el futuro.

–El tema *del tiempo* es uno muy complejo, y te prometo que ya sacaremos el rato para hablar sobre él-, dijo, como si deseara invitarle a conversar extensamente en otra ocasión.

De pronto, su madre miró el reloj y exclamó sobresaltada.

- ¡Dios Mío!, debemos irnos ya-. Ustedes no me van a creer, pero ya son casi las cinco-, dijo, levantándose de la silla y bajando las manos hasta tocar los ruedos de sus pantalones para así acomodar éstos adentro de las botas; y, procedió de inmediato a meterse las faldas de la blusa.

Doña Teresa se levantó de su silla y se dirigió hacia ella para poder darle a su amiga un abrazo. -¿Por qué es que el tiempo se pasa tan rápido?-, preguntó súbitamente doña María, pues en el fondo de su corazón deseaba que ese instante mágico fuera interminable.

- ¡Así es la vida, hija mía! -, dijo ella, girando su cabeza y acercando la niña hacia ella para así poder darle uno de esos calurosos abrazos que nunca se olvidan. Era un abrazo que inundaba a las personas de felicidad, y cuando éste terminaba, ya la persona se desprendía del abrazo y podía sentir la forma en que su espíritu se había colmado de paz.

Con gran pesar en su corazón, doña María y Cristal se despidieron de ella y salieron al corredor.

Por un momento, la niña pensó que se hallaba en un lugar diferente: el jardín estaba colmado de luciérnagas, que iluminaban las flores con sus rayos de luz verde; y el cielo cubierto con tonos de color celeste pálido, había tomado prestados del sol, matices rosados y bronce.

Bajaron, uno a uno, los peldaños de la casa y echaron a andar, sendero abajo, con suma rapidez. Las luciérnagas que les habían venido a saludar en el momento en que ellas dejaron la humilde vivienda, ahora se prestaron gentilmente para servirles de guías y de esta forma mostrarles el camino mediante el intenso brillo, que, en grupo, producían con gran intensidad.

Ya estaba oscureciendo y ellas caminaban a paso rápido para poder salir al camino antes de que cayera la noche; no obstante, el temor no se había apoderado de Cristal aún. Las luciérnagas se habían posado sobre las piedras del camino y éstas tenían ahora, colores fosforescentes, creando la ilusión de ser lámparas de canfín.

No se escuchaba el menor ruido, solamente el sonido de los latidos del corazón de su madre, donde toda la información que doña Teresa le había dado había quedado guardada; para más adelante.

Quizá sería una ilusión, pero de pronto, el sendero parecía más corto de bajada de lo que le había parecido a la llegada; aunque la neblina ya empezaba a descender desde la cima de la montaña, con el único propósito de ofrecerles su abrigo a todos los habitantes del bosque y anunciarles a los visitantes que era hora de salir de allí, pues la noche estaba por caer.

En conversaciones posteriores, que tuvieron doña Teresa y Cristal, la anciana le contó a la niña que había tigres y coyotes en esos parajes solitarios, que se aparecían cuando el visitante que ingresaba en el lugar no venía con buenas intenciones. En cuyo caso, las aves que ellas habían visto al entrar no se dejaban ver, sino más bien, éstas emitían sonidos que alertaban los guardianes más poderosos, y estos se encargaban de ahuyentar a los malvados.

Ya estaba por caer la noche, cuando ambas mujeres se encontraron una vez más frente al pequeño portón. Las flores con claras siluetas de campanas de tonalidades azules se habían entregado al sueño, y las mujeres no habían terminado de cerrar el portón tras de sí, cuando de repente, todo se oscureció a su alrededor.

Doña María se arrodilló, a un lado del camino, y le pidió a su hija que se arrodillara junto a ella.

-Hay que darle las gracias al bosque por habernos permitido la entrada y protegernos durante la travesía-, dijo con ternura al mismo tiempo que dirigía su mirada hacia las pequeñas flores amarillas que cubrían el césped.

La madre y su hija se encontraron una vez más en el camino que les había traído hasta allí. Doña María miró a ambos lados para ver si podía divisar algún automóvil que les llevara de regreso a la ciudad, sin embargo, todo indicaba que sería mejor iniciar el regreso a pie, hasta llegar a la localidad más cercana.

-Cristal; vamos a empezar a caminar hasta que encontremos un taxi-, dijo ésta, con ánimo en su voz y esperanza de poder ella transmitirle el mismo sentimiento a la niña.

-No te preocupes mami-, le dijo la niña con una sonrisa, mostrando así confianza en ella.

Con la esperanza de encontrar una solución apropiada, empezaron a caminar calle abajo, pasando por las casitas de madera, que a la luz del día parecían muy alegres, no obstante, ahora solo las alumbraba el único bombillo que sus moradores habían dejado encendido en el corredor.

No obstante; a esta hora, no parecían tan alegres.

En la penumbra, aparecían las sombras que no se notaban durante las horas del día. Las difusas formas de los árboles de baja estatura se confundían en la oscuridad de la noche, aparentando ser siluetas de seres humanos y criaturas de la oscuridad.

En la lejanía se escuchó el agudo canto metálico y súbito de un ave nocturna, quien se atrevió a interrumpir el silencio al advertir la presencia de las mujeres: ¡un búho!

En ese instante, por primera vez desde que habían dejado la ciudad, la niña se sintió invadida por una intensa sensación de temor que le caló hasta los huesos.

Pensaba en su madre, quien estaría dispuesta a defenderle si se suscitara algún evento inesperado, que presentara peligro para su hija.

Mi madre me protegería contra la adversidad, pero ¿a ella quién la protegería? - pensó para si por un instante.

Debe de haber sido la pregunta que había formulado en forma indirecta, porque al instante escuchó una voz adentro de su cabeza que dijo: - ¡*No temas!* -.

En aquel instante, la imagen de San Rafael que había visto en la casa de la anciana se apareció en su mente, invadiéndole con un rayo de paz y seguridad.

Nunca antes de este momento había sentido esto. No eran palabras que yo hubiera utilizado. Normalmente, yo digo –no tenga miedo, pero no digo la palabra *temor*-pensó.

- ¡Mira Cristal! -, exclamó la madre indicándole a la niña con un gesto de la mano que mirara hacia atrás.

A unos doscientos metros de donde ellas se encontraban, podían verse los focos de un automóvil que con su potente luz iluminaban el camino desde la distancia. La madre y su hija se miraron fijamente como si no hubiera necesidad de pronunciar palabra alguna para poder comunicar sus pensamientos.

Quizás pasaron dos o tres minutos. Los focos del automóvil se vislumbraban con mayor claridad y la noche parecía más prometedora. Poco a poco se fueron acercando, hasta que el conductor se detuvo al lado de ellas procediendo a abrir la ventana del vehículo.

¡Cuál fue la sorpresa de ambas!, al ver que el conductor del automóvil era el mismo don Carlos, quien las había traído hasta ahí aquella mañana.

- ¡Doña María! -, exclamó el hombre, visiblemente sorprendido de verlas en esos parajes a esas horas de la noche.

-No ven ustedes que, yo me perdí allá arriba después de la bajada de los *Bobos,* cuando me fui hace media hora a buscar un lugar para dar la vuelta. ¡¿Cómo puede ser que yo me haya perdido si tengo años de estar viniendo aquí!?-, exclamó el hombre, obviamente exaltado-. Ya veo que su visita donde doña Teresa no duró mucho-, dijo, más con intención de preguntar que de afirmar. –Si gustan, las llevo-, dijo cortésmente.

-Pero, don Carlos-, exclamó la madre. Si usted nos dejó aquí a las nueve y media de la mañana y como bien puede ver usted, ya cayó la noche. ¿Cómo es posible que usted diga que nos dejó aquí hace media hora?

-Doña María, -respondió él, un tanto desconcertado-. Voy a ser muy sincero-, añadió, preparando el inicio de una conversación que aparentaba ser seria.

-Esta mañana, cuando yo las dejé donde doña Teresa, ya eran las nueve y media-, continuó él, dándole un tono misterioso a sus palabras-. Apenas llegué a la vuelta de los Bobos, ya eran las nueve y cuarenta, no obstante, la vuelta no terminó ahí, sino que, continué virando hacia la izquierda por lo que pareció una eternidad-, dijo. En ese momento, viendo que nunca iba a salir de allí, intenté dar la vuelta para regresar. Cuando yo miré mi reloj, vi que eran las cinco de la tarde, pero afuera, parecía que eran las diez de la mañana.

¿¡Cómo puede ser!? -, exclamó doña María, visiblemente consternada por el relato del señor.

- ¡Sí, doña María! ¡Eso mismo me pregunté yo! -, exclamó él, temiendo haber perdido la razón-. Pero, una vez que di la vuelta y me devolví camino abajo, al llegar al portón de doña

Teresa, de repente se hizo de noche. Paré el carro y miré mi reloj; eran las seis de la tarde.

Doña María y Cristal habían perdido el habla. –¿Y cómo nos puede explicar usted eso, don Carlos? -le preguntó la señora, una vez que logró recuperar las palabras.

- ¡No lo sé señora! -, respondió el hombre con sinceridad en su voz. Pero, yo ya había oído relatos similares, de otras personas a quienes les había pasado exactamente lo mismo, sin embargo, yo pensé que eran cuentos de borrachos-, agregó-. Ahora, lo único que le puedo decir es, que la forma en que trascurre el tiempo en esta montaña no es la misma que en el resto del país-, dijo él, continuando su camino cuesta abajo.

Y no fue hasta que llegamos a la ciudad, que don Carlos pronunció otra palabra. –Bueno, si ustedes me necesitan, me llaman-, dijo, y salió directamente en dirección a su casa.

Doña María y Cristal se quedaron en la parada de autobuses, a un lado del parque, para esperar el autobús que las llevaría de vuelta a casa.

Fue la señora, la que tuvo el valor suficiente para romper el silencio que las había acompañado desde el momento en que don Carlos les contó lo que le había sucedido; allá arriba.

-Cristal-, dijo-. Siempre me he preguntado la razón por la cual, siendo doña Teresa una señora de casi ochenta años, parece una mujer de sesenta.

La niña giró su cabeza para fijar sus ojos en los de su madre.

-Ahora...creo que...allá arriba, no existe el tiempo-, dijo, como si se hubiera dado cuenta de que había cosas que no se podían aprender en las escuelas ni en los colegios; solamente de cara a cara.

Luego, tanto la madre como la niña se pusieron de pie para tomar el autobús que se acercaba a la parada.

Y de esta forma comienza aquí, la historia de doña Teresa.

Como de costumbre y debido a que los seres de este planeta somos todos animales de rutinas, dos veces al mes, doña Teresa bajaba al pueblo de San Rafael con el fin de abastecerse de comida y visitar algunas personas queridas.

Entonces, era el mismo don Carlos quien venía desde el pueblo a recogerla donde ella lo esperaba siempre: de pie, junto al pequeño portón.

Seguidamente, ambos se dirigían al pueblo conversando animadamente acerca de todo lo que había acontecido ahí en el transcurso de las últimas dos semanas.

Pues, era éste quien siempre le llevaba al pueblo, caminaba a su lado, por el mercado y otros lugares con gusto, ya que disfrutaba inmensamente de acompañarla a realizar sus compras y ayudarle luego a cargar las bolsas.

Después de adquirir todo lo necesario para subsistir dos semanas más, la anciana le pedía a don Carlos que por favor la llevara a visitar a un viejo amigo; don Edgar. Éste había sido el jardinero de sus padres por dos décadas. Cuando su padre murió de un infarto, don Edgar decidió pensionarse y abrir un vivero, no obstante, una vez por semana, iba a la casa de la madre de la anciana para cuidarle el jardín.

–No puedo abandonarla-, dijo él cuando la madre de doña Teresa, le ofreció liquidarle sus prestaciones. –Además, a mí me encanta venir a hacer el jardín-, añadió.

Por esta razón, dos veces al mes doña Teresa pasaba a visitarle y aprovechaba la ocasión para comprarle algunas plantas. "Como si no tuviera suficientes"-decía para sí y luego se echaba una risa que le salía desde adentro.

-Doña Teresa, usted me hace reír-, le había comentado don Carlos el primer día que la llevó allí-. Si usted vive en la montaña donde está rodeada de plantas, ¿para qué necesita más?

- ¡Oh, doña Teresa! -

-Don Carlos-, le explicó ella con ternura-. Lo que sucede es, que don Edgar era un fiel trabajador de mi padre y cuando este enfermó, don Edgar le acompañaba gustoso en sus paseos por el jardín, llevándolo del brazo para que él viera todo lo que crecía. Debe usted saber que, al morir mi padre, don Edgar le prometió a mi madre venir a ayudarle, y así lo ha cumplido hasta el día de hoy.

-Yo siempre le estaré agradecida y, esta es mi manera de hacerlo- dijo ella luego de una breve pausa-. De hecho-, prosiguió; de hoy en quince, planeo traerle unas plantas de la montaña para que las venda.

Y, con esta respuesta, don Carlos no necesitó más para quedar totalmente sorprendido al darse cuenta de la calidad de persona que tenía ante sí. Nunca más volvió a cuestionarle ninguna de sus acciones; más bien, se convirtió en uno de sus más poderosos defensores cuando algunas gentes la veían venir y murmuraban con desdén: *Allí viene la bruja.*

Estos comentarios, habían originado en una ocasión, hacía cincuenta y cinco años, cuando doña Teresa, en ese entonces una joven mujer, había tenido un sueño: Soñó que había empezado a llover torrencialmente y el pueblo desaparecía bajo el agua. A la mañana siguiente, la mujer bajó al pueblo, a toda prisa, con la única intención de prevenir a sus habitantes del inminente desastre.

-Ella fue de casa en casa pidiéndoles a todos que buscaran refugio, aun sabiendo que algunos se burlarían de ella en su propia cara-, contaba don Carlos con cierta tristeza, a todo aquel que mostraba interés en saber la razón por la cual le decían *la bruja,* y de esta forma aclarar cualquier duda al respecto.

En ese entonces, don Carlos tenía solamente veintidós años, y a esa edad, se había enterado del suceso; por diferentes fuentes. Además, fue él quien se topó a doña Teresa en el preciso instante en que ésta venía corriendo cuesta abajo, como un caballo que acaba de ver una serpiente terciopelo.

Pues, para continuar con la historia de doña Teresa, cuenta la gente que dos días después, de pronto, empezó a llover como si no hubiera llovido en tres años, y de repente, la Naturaleza se hubiera acordado de ese lugar. No paró de llover hasta que cayera la última gota que existía en el cielo.

Dicen por ahí, que...empezó a llover a cantaros, cerca de las dos de la mañana, y continuó lloviendo de la misma manera por tres días; sin parar.

Dicen que todo comenzó con el sonido de un trueno que se oyó por más de un minuto: de montaña a montaña-, dijo don Carlos, para describir la forma en que los campesinos anunciaban entonces, e inclusive, hasta el día de hoy, el inicio de un periodo prolongado de lluvia.

Eran como las diez de la noche del tercer día, cuando la gente del pueblo se despertó súbitamente al escuchar un estruendo causado por el agua que bajaba por la montaña en forma de una enorme cabeza de agua, y en cuestión de diez minutos, ésta arrasó con todo lo que encontró a su paso, dejando así, la desgarradora imagen de un pueblo que había quedado sumergido bajo el agua y el lodo proveniente de las escarpadas laderas del pico.

El río San Rafael, responsable de la tragedia, nace en un potrero que queda entre dos montañas: Pico Blanco y el Cerro La Cruz de Escazú. Pues, parece que, debido a las constantes y fuertes lluvias de tres días, se había derrumbado un enorme paredón de tierra con árboles y piedras ubicado en el costado este de Pico Blanco.

Pues, lavado por la acción de éstas y el material caído de la montaña, el paredón se desprendió de las rocas que lo sostenían y de esta forma obstruyó el paso del agua: formándose así, una laguna de importante tamaño.

La mayoría de la gente había hecho caso a la advertencia de la joven, sin embargo, hubo unas cuantas personas que se limitaron a decir, -

¡Pobrecita la loquita!, pues como vive tan sola en la montaña ya la pobre no sabe que inventar para entretenerse-.

Debido a este insólito suceso, cada vez que doña Teresa baja al pueblo, infinidad de personas le saludan con gran cariño, no obstante, hay unas cuantas personas; afortunadamente muy pocas, que se limitan a observarla como si ella fuera una araña venenosa; y en lugar de aprovechar la oportunidad para demostrar su agradecimiento por estar vivos aun, murmuran todo tipo de palabras degradantes al igual que hirientes.

Es justo por todas estas razones que don Carlos se convirtió entonces, en su más abnegado defensor.

-Doña Teresa comprende que estas personas son parientes lejanos de las víctimas de aquella tragedia que sucedido tantos años atrás; no obstante, es más fácil para ellos poner su atención sobre ella y culparle de haber provocado ese desastre con sus *brujerías,* que aceptar la perdida de sus seres queridos-, explicaba don Carlos, quien no dejaba escapar una oportunidad para alabar a la anciana.

Fue en una tarde de abril, cuatro años después de su primera visita a la casa de la anciana, que Cristal se aventuró a visitarle de nuevo.

Con el debido permiso de su madre y aprovechando que ese día hacia buen tiempo en la zona, como era de esperarse, la joven llamó a don Carlos y le pidió que la llevara allá.

Era la segunda vez que se aventuraba en esos parajes, no obstante, esta vez iba a entrar en ese bosque; sola.

"No hay nada que temer"- pensaba ella para sí, mientras iba dando paso tras paso entre la espesura que le rodeaba.

Por un instante, ella pensó en su madre, quien ya en varias ocasiones había recorrido ese mismo trecho. También pensó en todas las personas que lo hacían por lo menos una vez al año y en la soledad del bosque.

"Es posible que sea la soledad de esta área tan extensa lo que me causa temor"-pensó, luchando contra sus temores.

Sabía ella, sin embargo, que había personas de malos sentimientos que se podrían ocultar allí; no obstante, recordó muy bien que al haberle rezado a San Rafael la noche que caminaba con su madre camino abajo, ella había sentido que el ángel las acompañaba, y esta ocasión no tenía razón para ser diferente.

Por lo tanto, no debo sentir temor, se dijo a sí misma.

Continuó andando, a paso lento, muy consciente de una sola realidad; ya no había marcha atrás. Sabía muy bien que ella debía continuar su camino, sobre todo si ya se estaba acercando a su destino, poco a poco, no obstante, con paso firme y resuelto.

La anciana sabía que la joven llegaría y se encontraba ya en su jardín esperándole. Al verla aproximarse por entre los árboles, la mujer se adelantó para ir a su encuentro con su usual sonrisa que hacía que las personas se sintieran bienvenidas.

-Te estaba esperando-, le dijo a la joven, al ver a ésta cuando venía aproximándose por el sendero; muerta del cansancio.

- ¡Pues, ya estoy aquí! -, le respondió Cristal efusivamente, abriendo los brazos para darle a su amiga un gran abrazo.

-Entremos pues, y te sirvo un refresco de fresas recién traídas de la montaña-, dijo la anciana, apurándose a subir los peldaños y abrir la puerta.

- ¡Doña Teresa! -, exclamó la joven, al acercarse al jardín-. Todas las Reinas de la Noche tienen flor.

- ¡Sí, hija! -, dijo ella, girando la cabeza de pronto, para luego mirarla con ternura.

–Ellas tienen su época de floración, y no importa en qué zona del país te encuentres, podrás observar que todas florecen al mismo tiempo-, dijo ella, gustosa de compartir los misterios de la Naturaleza que ella conocía tan bien.

- ¿Te gustaría que nos sentemos en el corredor, o prefieres más bien que pasemos adentro? -, preguntó ella con amabilidad.

- ¡Aquí, doña Teresa! -, respondió la muchacha con entusiasmo.

-Bueno, entonces voy a entrar para traer algo de tomar y enseguida vengo a acompañarte-, dijo la anciana, perdiéndose en la salita.

-Aquí tienes-, le dijo a la joven, mientras colocaba el vaso de refresco sobre la mesita de madera que tenían enfrente. – ¡Estoy segura de que estás muerta de sed! -, agregó, tomando un sorbo de su vaso y colocándolo en su lugar.

-Doña Teresa-, dijo Cristal, con cierta timidez-. Aquel día que vine hasta aquí acompañando a mi madre, usted hizo un comentario, el cual, hasta el día de hoy recuerdo con claridad, pues usted dijo que el tiempo era un tema sobre el cual algún día las dos íbamos a hablar.

-Y, ¿has venido hoy para hablar sobre eso? -, respondió la anciana sorprendida, pues la joven aun recordaba sus palabras.

- ¡Sí! -; es justo por esta razón que me encuentro aquí hoy-, respondió ella, resuelta a regresar a su casa una vez que escuchara la explicación acerca del tema que tantas veces había causado su desvelo nocturno.

-Muy bien; pero, primero voy a decirte que a pesar de las cosas que yo te diga hoy, tú siempre tienes que sacar tus propias conclusiones, y es justo por esto que Dios nos dio a todos, la capacidad de observar y meditar-, respondió la anciana.

-Empiece usted, por favor-, dijo la joven una vez que la anciana aceptó hablar del tema.

-Los humanos vivimos prisioneros del calendario de trescientos sesenta y cinco días que rige nuestras actividades diarias, y mediante el cual, hacemos planes y decidimos llevarlos a su conclusión. No obstante, en el campo espiritual, existe otro tiempo que no logramos comprender, y por esta razón, vivimos en constante estado de impaciencia-, dijo ella.

- ¿Qué piensas tú sobre esto? -, preguntó la anciana.

-Es justo lo que en este momento de mi vida me llena de angustia-, respondió la joven.

-Y ¿por qué te llena de angustia? -, preguntó la señora al sentir de repente, la tristeza que provenía del corazón de la niña que conoció hacía unos años, y que ahora se encontraba ante ella; más, ya no era una niña.

-Doña Teresa-, exclamó la joven a punto de estallar en lágrimas-; es que...yo rezo y rezo y las cosas no me salen como yo las pido-

- ¡Por supuesto que no, mi vida! -, respondió la anciana con la voz colmada de ternura.

- ¿Por qué no? ...doña Teresa-, preguntó la joven, estallando de pronto, en llanto.

-Mi niña-, dijo doña Teresa, apenas la joven dejó de llorar desconsoladamente-. Seguramente has oído expresiones como: *El tiempo todo lo cura; Sólo el tiempo dirá*; *Hay que darle tiempo al tiempo*; *Es cuestión de tiempo,* y muchas otras que en este momento no se me vienen a la mente.

Pero, lo que todas estas expresiones tienen en común es que, uno debe aprender a esperar. Tú solamente debes pedir y se te dará, pero no siempre se te dará en la forma en que tú lo quieres, sin embargo, debes aprender a esperar; y es justamente esto lo que uno debe aprender.

Luego de una breve pausa añadió: Además, por la misma razón, la persona que aprende a esperar reacciona siempre con sorpresa al notar que aquello que en una ocasión parecía ser de suma importancia, terminó siendo solamente un peldaño para lograr algo mucho mejor.

La joven permaneció vacilante por unos instantes, y de pronto, sintió una sensación de paz que inundaba su alma.

- ¿Ya te sientes mejor? -, preguntó la anciana, pues era indudable que la joven comenzaba a resolver sus propios conflictos.

- ¡Sí! -, contestó-. Ya entendí..., pero, no sé cómo sucedió.

-Es una ley infalible; sólo debes preguntar, y puedes estar totalmente segura de que la respuesta vendrá a ti en el momento en que estés preparada para comprenderla.

-Quiero que regreses a casa, pues es muy probable que tu madre esté preocupada-, exclamó la anciana.

- ¿Puedo hacerle solamente una pregunta más? -, dijo la joven.

-Por supuesto que sí-, exclamó la anciana con cierta tristeza, pues no deseaba que la joven se fuera; por otra parte, sabía muy bien que doña María seguramente estaría muy preocupada por su hija.

- ¿Cuánto tiempo más continuará usted viviendo aquí, sola, en medio del bosque? -, preguntó la joven.

La anciana esbozó una sonrisa, y luego de meditar la respuesta que le iba a dar a la joven, miró en dirección a la cumbre de la montaña que lucía tan imponente y silenciosa como todos los días.

Después, miró a la joven y dijo: -Solamente hasta el día que yo me haya ido de este mundo para fin reunirme con mi esposo, más allá de aquel pico-, dijo la anciana señalando la montaña con un gesto de la mano.

-Ya; debes irte ya-, insistió la anciana, mientras escondía dos lágrimas que deseaban escapar de un prolongado cautiverio.

La anciana miró a la joven y con la mirada, observó a ésta caminar por el sendero hasta perderla de vista. Seguidamente, entró a la casa y cerró la puerta tras de sí.

Luego, se sentó en uno de los largos sillones de la sala y empezó a recordar los días felices que había compartido con su hombre.

"Pronto te veré"-dijo calladamente, y cerró sus ojos para descansar.

Al cabo de una semana, Cristal quiso visitarla una vez más con el propósito de hablar sobre los eventos que se suscitaron de forma precipitada a raíz de la conversación, y aprovechar también la ocasión para llevarle a la anciana un pastel de fresas que su madre había preparado, exclusivamente para ella.

Esa mañana, cuando Cristal estaba envolviendo el pastel en papel aluminio, tocaron a la puerta. Era don Carlos. Al verlo, ella supo lo que había sucedido.

Don Carlos le traía la triste noticia: la anciana había muerto la tarde anterior y un año antes lo había dejado encargado de entregarle un sobre a Cristal, una vez que ella muriera.

–Aquí te dejó esto-, le dijo el anciano, entregándole un sobre de manila.

Una vez que el hombre se despidió de ella, Cristal llamó a su madre y le pidió que la acompañara mientras abría el sobre. Su madre, quien ya había escuchado la noticia, se encontraba en la cocina sumida en un mar de lágrimas.

Y en un instante de total negación, Cristal se sentó en la mesa y procedió a mirar dentro del sobre: éste contenía la escritura de la finca que la anciana le había heredado.

La joven permaneció sentada en la silla de la mesa del comedor por un momento; luego, se levantó de la silla, y sin decir palabra alguna, se dirigió hacia su alcoba.

Y una vez que decidió lo que iba a hacer, se echó sobre la cama, descargando su dolor por medio del llanto que le salía del fondo de su alma.

Al cabo de una semana, cuando ya su corazón empezaba a encontrar un poquito de resignación, se dispuso a abrir el sobre para mirar adentro una vez más.

¡Qué curioso! -se dijo para sí. "La fecha en que la escritura fue autenticada por un abogado, es precisamente la fecha del día en que nos conocimos."

El Grito

A pesar de tener todo lo que una persona pueda desear tener en la vida, Rita aun no sentía alegría en su corazón.

De hecho, la felicidad que un día sintió se había ido apagando, poco a poco; igual que un fuego cuando apenas quedan solo brasas.

A las cinco de la mañana, antes de que su esposo despertara, ella salió a la terraza de la casa y caminó hacia la baranda del balcón en el segundo piso.

El alegre canto del gallo madrugador, inevitablemente, causaría que su esposo se despertara en cualquier momento.

No es vida; no es vida para nadie-dijo para sí, pues se le hacía insoportable continuar viviendo bajo el mismo techo con un hombre que cada día, en forma paulatina, gritaba cada vez más duro; sin causa aparente.

No obstante, de pie junto a la baranda y con sus manos sobre ésta, la mujer miró en dirección a la montaña que se alzaba de forma imponente ante sus ojos.

- ¡Hoy termina esto! -se dijo para sí con determinación.

Se puede malgastar una vida entera si uno comete errores y no aprende de ellos; en cambio, si se aprende alguna lección y de una forma u otra estos errores se logran enmendar, entonces podemos decir que la vida se ha vivido a plenitud. Pero, cometer un grave error y continuar cayendo en lo mismo, se puede considerar un pecado-dijo ella en voz baja. Seguidamente, giró sobre sí y de inmediato se dirigió hacia la cocina, caminando de puntillas para no causar ruido, y de esta forma quizá él no se despertaría tan temprano.

Rita, una mujer de cuarenta y cinco años, muy bien conservada para su edad; de ojos castaños y cabello negro liso, mantenía aun su figura a punta de, no esfuerzos, dietas y ejercicios; sino más bien, a punta de sufrimientos enterrados en un compartimento seguro donde se van guardando, en forma acumulativa, todos los insultos, injurias y agravios.

En fin, la mujer abrió la nevera y tomó una caja de leche.

Cerró la puerta de la refrigeradora y tomó un jarro de café que mantenía siempre en el mismo lugar; en el mueble de la cocina que estaba junto a la refrigeradora. Como de costumbre, vertió dos onzas de leche en el jarro y colocó éste en el microondas.

Puso la leche a calentar por cuarenta y cinco segundos, pero se quedó parada a la par del microondas y cuando la pantalla mostró cuarenta y tres segundos, ella presionó el botón para apagar éste, y de esta forma, evitar que el aparato emitiera algún sonido; particularmente, si este sonido iba a causar que su esposo se despertara malhumorado y exigiendo que ella regresara a la cama a su lado.

Y esto era algo que ya ella no soportaba.

De inmediato, tomó el pichel de café chorreado a las cuatro de la mañana, y aún caliente, vertió un buen chorro de éste hasta que la taza estuviera llena. Seguidamente, quitó la tapa de la azucarera, al lado del *chorreador* de café y metiendo una cucharita adentro, tomó dos cucharaditas de azúcar y las puso en el café.

Se quedó ahí, junto al *chorreador* de café, con la taza en su mano derecha, y tomó el primer sorbo. Luego, agudizó el oído para captar cualquier sonido que pudiera avisarle que su esposo ya había despertado, no obstante, por dicha, todo estaba en calma.

Éste había llegado a las dos y media de la madrugada, oliendo a licor y pegando gritos, pues se encontró de pronto, con los platos de comida de los dos perros y sumamente molesto porque ella no los había colocado en su sitio, los pateó de tal forma que éstos cayeron en el patio.

Seguidamente, el hombre intentó meter la llave en el llavín de la puerta principal y se quedó ahí, tambaleándose de izquierda a derecha y de atrás para delante, hasta que finalmente, logró insertar la llave con precisión.

Ya Rita no esperaba toda la noche hasta que el regresara de sus juergas con los amigos, que éste comenzó a disfrutar durante el primer año luego de su llegada al país.

En cambio, en un principio, cuando ellos se conocieron y él le prometió el cielo y la luna si ella renunciaba de su empleo y se quedaba en casa dedicándole su tiempo, la primera vez que él salió con sus amigos, ella se quedó en la cocina

mirando por la ventana que daba al portón de su casa, esperando hasta que viera los focos del carro iluminar el portón.

Seguidamente, corrió escaleras arriba y se metió en la cama para pretender haber estado dormida toda la noche y no haberse percatado de su llegada.

Ahora, cinco años más tarde, sentada en una mecedora mirando la vista desde el balcón, la mujer tomó un sorbo de café y recordó una secuencia de eventos que pusieron fin a cualquier indicio de amor que ella pudo haber sentido por él en algún momento.

No obstante, sabía muy bien que ella tenía, en parte, la culpa de encontrarse en la situación en la que se encontraba hoy.

Es decir, ella al conocerlo aquella noche en la fiesta de una prima, no escuchó su corazón en el momento en que éste le avisó que el hombre que su prima le había presentado como un amigo de su esposo, no iba a causarle más que desgracia.

Su prima Erika, una mujer hermosa casada con un canadiense, la llamó una noche, luego de muchos años de no verse y la invitó a su fiesta de cumpleaños.

Rita, aburrida de la rutina diaria de trabajar todo el día y llegar a su casa para solamente mirar la televisión hasta quedar dormida frente al aparato, se entusiasmó enormemente; pues la idea de ir a una fiesta, especialmente una fiesta donde podría tener la oportunidad de conocer gente interesante, le pareció una alternativa sumamente atractiva comparada con la opción de pasar una noche más mirando películas de acción o romance.

Esa noche, Rita acudió a la fiesta vestida de forma sencilla, no obstante, elegante. Ella llegó a la finca de su prima y su esposo y ésta salieron a recibirla para saludarla y presentarle todos los invitados que ya se encontraban en el lugar.

Entraron, pues, al salón que su prima había decorado con gran esmero: bombas de colores colgaban del cielo raso unidas entre sí por medio de serpentinas delgadas, y las seis mesas donde tanto familiares como amigos se hallaban sentados ya, estaban cubiertas con manteles largos.

Rita entró al salón, y uno a uno, saludó a primos y otros familiares que tenía mucho tiempo de no ver. Seguidamente, su prima Erika, la llevó a la mesa donde su esposo estaba hablando con sus amigos; todos extranjeros provenientes de los Estados Unidos, Canadá y otros países.

De inmediato, el esposo de su prima se puso de pie y luego de un abrazo efusivo, le jaló una silla para que ella se sentara a la mesa y compartiera la conversación con sus amigos.

Entre ellos, se encontraba uno en particular, que llamó su atención. Y ella también, llamó la atención de él.

Después del primer año juntos, Rita recordaría muy bien que la noche de la fiesta, el hombre había tomado alcohol en exceso, y al cabo de unas horas, se enfrascó en una discusión acalorada con uno de sus coterráneos, pues éste insistía en defender las costumbres de las gentes que pertenecían al pequeño país donde ambos vivían en la actualidad; el país de Rita. Por otra parte, el hombre hablaba pestes y se refería a las gentes como seres infantiles, sin educación alguna y carentes del más mínimo deseo por adquirirla.

En aquel momento, a Rita le pareció éste, un tema de conversación usual que surgía cada vez que un grupo de extranjeros se reunían y empezaban a hablar de política y finanzas.

No obstante, un año más tarde, la mujer cayó en cuenta que su esposo era simplemente una persona sumamente racista, cuyo temperamento violento se exacerbaba cada vez que comenzaba a beber licor en compañía de sus amigos.

Para entonces, era aparente ya que dos de los integrantes del grupo de amigos de su esposo, mantenían un perfil bajo en el momento en que estas discusiones emergían; no obstante, la presión ejercida por el resto de los miembros causaba que éstos, al cabo de un tiempo prolongado de escuchar los insultos y comentarios despectivos, entraran de lleno en la conversación al darse por vencidos.

De cuando en cuando, por motivo de la fecha de cumpleaños de uno de ellos, el grupo salía por la noche a divertirse en uno de los famosos clubes para hombres donde éstos habían reservado mesas y mujeres para la ocasión.

Al día siguiente, uno por uno regresaba a su casa donde le esperaba su esposa o novia. Al entrar por la puerta, la mujer de inmediato percibía el intenso olor a alcohol en su boca, al igual que el aroma de un perfume de mujer, impregnado en su ropa.

Esto era tema de conversación de las mujeres, durante las ocasiones en que los hombres planeaban una fiesta durante el día, en la cual todos llevaban a sus amigas, esposas y novias.

En un principio, las mujeres se sentaban junto a los hombres, sin embargo, conforme trascurría el tiempo y ellas se dirigían a la cocina para servirse algo de comer o para llevarle una bebida a su esposo, iniciaban las conversaciones en voz baja, mientras una de ellas mantenía la vista fija en el grupo de hombres sentados alrededor de la piscina, con el fin de avisar a las otras si alguno de ellos se ponía de pie para luego dirigirse hacia la cocina.

Era entonces, cuando las mujeres cambiaban el tema de conversación y aparentaban charlar sobre cosas triviales.

Al final de la tarde, cuando los esposos habían consumido todas las botellas de licor y estaban listos para dirigirse a casa, las mujeres se despedían en medio de abrazos y palabras de aliento, pero al cabo de unos días se encontraban sumidas en la misma rutina que las llevaba a quejarse entre ellas.

Fue durante una de estas fiestas, luego de escuchar por causalidad, a su esposo hacer ruidosos comentarios y alardes con respecto a la última mujer con la que había pasado la noche, que Rita tomó la decisión que tanto tiempo había pensado en tomar: tomaría sus cosas y saldría por la puerta de su casa, para nunca mirar hacia atrás.

Una vez que su esposo y ella se montaron en el carro e iniciaron el viaje de regreso a casa, la mujer mantuvo la ira y el sufrimiento que le albergaban bajo control mientras su esposo conducía el auto a alta velocidad y de forma errática.

A la mañana siguiente, cuando el hombre salió de su casa en dirección al supermercado con el fin de comprar una caja de cervezas, para luego tomárselas todas sentado en la terraza, acompañado de sus dos perros, Rita aprovechó la ocasión y tomó el teléfono con el fin de llamar a su mejor amigo para contarle su plan.

Éste no se mostró sorprendido una vez que su amiga de tantos años le relatara los acontecimientos que la llevaban a tomar una decisión tan improvista; más bien, le ofreció quedarse en su casa, a muchos kilómetros de ahí, y llegar en su carro a recogerla a la terminal de autobuses en el momento en que ella se apareciera.

Fue entonces que acordaron una hora y una fecha y Rita le prometió a él y a si misma cumplir su promesa.

En el trascurso de la mañana, mientras su esposo consumía la caja de cervezas, una a una, la mujer aparentaba estar en calma, pero sentada al lado de él en la terraza, pues éste la obligaba a hacerlo con la excusa de pasar el domingo juntos, ella pensó en todos los pasos que debía tomar para lograr realizar su plan y salir de ahí en dos semanas.

Sus manos temblaban mientras los rápidos latidos de su exaltado corazón amenazaban con delatar su propósito. No obstante, colocó las manos sobre su regazo y las mantuvo ahí hasta que su esposo, atolondrado por los visibles efectos del alcohol, empezó a murmurar palabras aisladas acerca de cosas malas que éste había hecho en el pasado; aunque al día siguiente, cuando ella le preguntara a qué se refería con estas palabras, el hombre negaría de forma rotunda, que hubiese dicho semejantes tonterías.

Por ese tiempo, su esposo no tenía ni la menor sospecha sobre los pensamientos que ocupaban la mente de su mujer, pues éste la había obligado a renunciar a su trabajo y paulatinamente, por medio de acciones que parecían ser para el bien y el confort de ella, éste se había cerciorado de que ella no tuviera una entrada de dinero que le permitiera vivir sin el dinero que él proporcionaba.

Además, aprovechó que ésta mantenía una relación emocionalmente distante con la familia, para hacerle ver que ella era la culpable de esta situación y que debido a su carácter rebelde y por ende infantil, él era el único hombre que podía comprenderla.

Por otra parte, el hombre se aseguró de que ella vendiera su único medio de transporte, un automóvil pequeño, para luego dejarla a merced de unas cuantas salidas de su casa al mes; siempre y cuando, por supuesto, fuera él quien la llevara en su carro.

Al poco tiempo, el hombre llegó a la casa una tarde, hablando alegremente y le dio la buena noticia: Encontré una casa en la montaña que te va a encantar.

A las dos semanas, Rita se encontró sola, en medio de la nada; sumida en la soledad de la montaña, mientras su esposo se dedicaba a pasarla muy bien lejos de ahí, en compañía de sus amigos y "amigas".

No obstante, luego de hablar con su amigo, la mujer sacó valor e ideó un plan infalible, el cual puso en marcha al día siguiente.

En la casa, había una habitación pequeña, justo al lado de la habitación principal y ésta se utilizaba como cuarto de visitas si en alguna ocasión las hijas de la mujer deseaban llegar de pronto, y pasar la noche ahí. Pero ellas, preferían visitar a su madre solamente por unos instantes; especialmente, cuando el hombre se hallaba lejos.

En ella, Rita mantenía las toallas que utilizaban para bañarse, la ropa pasada de moda ya que ella no utilizaba, y la ropa que sí se ponía a diario.

Con el fin de ahorrar espacio en el *closet*, ella había tomado las prendas que no utilizaba, y en lugar de descartarlas las dobló cuidadosamente y colocó una sobre la otra, hasta que finalmente formó una torre de ropa, logrado así liberar el resto del espacio para colocar el resto de la ropa.

Consecuentemente, como parte del plan estratégico, aprovechando una de las salidas de su esposo con los amigos de éste, llena de temor y alegría a la vez, Rita comenzó a sustituir cada prenda de ropa nueva por una prenda de ropa que no utilizaba. Luego, tomó la ropa nueva y la colocó en una maleta debajo de la cama.

Y de esta forma, también guardó sus joyas, zapatos y algunas fotos de su familia, las cuales su esposo no echaría de menos al entrar a la habitación a tomar una toalla, pues él notaría que todo se encontraba en su sitio; perfectamente organizado, tal y como a él le gustaba que todo estuviera en la casa.

En una ocasión, hacía dos años, en medio de una acalorada discusión, Rita le dijo a su esposo que lo abandonaría, pero fue en ese preciso instante que ella se percató del peligro que esto representaría, pues el hombre montó en cólera y como señal de amenaza de maltrato físico que ella podría sufrir, el hombre alzó el puño de su mano y lo colocó de forma amenazante en medio de los dos ojos de la mujer.

De esta forma, Rita supo muy bien que nunca podría dejarle saber de las serias intenciones que ella tenía en mente; pues éstas no eran una amenaza, sino más bien, una realidad que estaba pronta a cumplirse.

Pasaron dos semanas; dos semanas de angustia y total desgaste emocional. El insomnio que invadió sus noches, sumado al innegable esfuerzo que ella hacía para aparentar estar feliz al lado de su esposo, se habían convertido en las consecuencias lógicas de un plan de liberación, o quizá, un plan para salvar su propia vida.

Sin embargo, esta mañana, de pie junto a la baranda del balcón de la casa, pensó en las cosas que sucederían ese día. En estado de aparente calma, pues su esposo estaría por despertarse en cualquier momento, se sentó en una mecedora para tomarse una taza de café y darles un último adiós a las montañas que durante dos largos años habían sido sus únicas confidentes.

Como era de esperarse, Rita se debatía entre el temor y súbitos sentimientos de angustia, pues a las once de la mañana, su esposo saldría de la casa, y justo en ese momento, ella llamaría un taxi para que la llevara a ella y a sus dos maletas a la terminal de autobuses.

Pero no había razón alguna para temer que su plan no pudiera llevarse a cabo tal y como ella lo tenía previsto, pues su esposo se reunía con su grupo de amigos, todos los martes a las once y media de la mañana; sin falta, aunque lloviera a cantaros o éste estuviera con gripe.

Y esto era algo con lo que ella definitivamente podía contar, pues hasta el día de hoy, y por cinco años desde el día que ellos iniciaron su relación, su esposo no había faltado nunca a una reunión de esta índole.

De pronto, el reloj dio las nueve y media y de inmediato, su esposo apareció en el balcón solicitando su desayuno, pues iba a ir a darse una ducha para luego vestirse, desayunar y salir a toda velocidad a la cita acordada.

Como de costumbre, Rita le dio un beso a éste en la mejilla y entró a la cocina con el fin de preparar el desayuno.

Seguidamente, el hombre se metió al baño y ella aprovechó los cinco o seis minutos que él duraba en tomarse una ducha para asegurarse de que todo estuviera listo para salir de ahí en cuanto éste abandonara la propiedad.

Lo que más le pareció angustiante fue que, justo en ese momento su madre llamó para saludarla y ella debió fingir que todo estaba en orden, al igual que lo había hecho a lo largo de toda su vida.

A pesar de que la anciana estaba consciente de la triste situación que su hija vivía a diario, ni por un instante sospechó las intenciones que su hija tenía, pues ésta quiso ocultarle el plan hasta dos días más tarde; con el único propósito de no preocupar a la octogenaria anciana.

Aparentando un nivel de extraordinaria calma, Rita se dirigió hacia el balcón y colocó a su lado un azafate de madera sobre la mesa.

Luego, procedió a servir el desayuno en los dos individuales de bambú que previamente colocara frente a cada una de las dos sillas.

El reloj dio las diez y treinta, justo en el momento en que su esposo salió al balcón y con habitual seriedad en su rostro, se sentó al otro lado de la mesa para devorar el desayuno sin pronunciar una sola palabra.

A todo esto, Rita mantuvo su mirada fija en él y con el único propósito de disminuir los latidos de su corazón, realizó dos fallidos intentos de iniciar una conversación; pero, la indiscutible indiferencia de su esposo le recordó de pronto que éste tenía su mente absorta en la idea de ir a tomar licor y visitar una o dos *amigas*.

Al morir su padre, Rita recibió una pequeña suma de dinero que guardó en el banco, en caso de que algún día lo necesitara.

Y la semana anterior, el martes por la mañana, aprovechando que su marido se encontraba lejos de casa, caminó hasta la parada de autobús más cercana; a un kilómetro de distancia, y tomando éste, se dirigió a la ciudad para ir al banco y sacar unos cuantos billetes que utilizaría para poder llevar a cabo su viaje hasta la provincia de Guanacaste, y de esta forma poder subsistir hasta que lograra encontrar empleo.

De modo que, guardó el dinero en un compartimento secreto de una de las maletas que pronto llevaría con ella hasta llegar a su destino.

A las once en punto, su marido se levantó de la mesa y acercándose a la mujer, le dio a ésta un beso en la frente. Seguidamente le dijo: No voy a llegar tarde.

Estas mismas palabras las había escuchado en innumerables ocasiones, hasta el cansancio.

Luego, de prisa, salió al garaje y arrancó el carro. El hombre echó marcha atrás y esperó unos segundos afuera del portón hasta que éste cerrara. Posteriormente, salió calle abajo a toda velocidad.

De inmediato, Rita tomó el teléfono y llamó un taxi. Luego de especificar la dirección de la casa, tomó las dos maletas que escondió debajo de la cama y esperó sin abrir la puerta,

pues temía que su esposo regresara de pronto diciendo que había olvidado llevar algo.

Al cabo de cinco minutos que más parecieron cinco años, el taxista se presentó a la entrada de la casa, y Rita corrió hacia la puerta cargando las dos maletas pesadas que llevaría consigo. De inmediato, cerró la puerta tras de sí, activó la alarma y salió en dirección al automóvil rojo que la esperaba en la calle.

Sin esperar un solo minuto más, la mujer abrió la puerta y metió las dos maletas en el asiento de atrás. Luego, se sentó junto a éstas y de un solo tirón, cerró la puerta del automóvil.

-A la terminal de los buses a Santa Cruz-, exclamó.

-Con mucho gusto-, respondió el conductor.

Y efectivamente, el conductor echó marcha atrás en la entrada de la propiedad, y luego se dirigió cuesta abajo a toda prisa; como si éste fuese su cómplice.

Como sucede en estos casos, Rita tenía un plan y hasta ese momento, todo marchaba de maravilla, sin embargo, ella temía que algo saliera mal, y lo que más le asustaba era pensar en la remota pero posible casualidad de que su esposo regresara de pronto y la viera en el taxi.

Por esta razón y solamente por esta razón, Rita se colocó los anteojos de sol y se sentó en el centro del asiento con el fin de evitar que éste la viera, si por cosas del azar, pasaba junto al carro.

Cualquier cosa podría suceder.

Mucho tiempo después, la mujer recordaría este instante de su vida como la acción más audaz que ella habría hecho durante toda su existencia, pero ahora, sentada en el carro, sentía que cada segundo se convertía en una eternidad y los latidos de su corazón le asustaban sobremanera.

Cada vez el carro se alejaba más del pueblo y finalmente, tomó la autopista que la llevaría al centro de la ciudad, donde por fin, se montaría al autobús, y en ese instante, ya ella se encontraría totalmente a salvo.

Al cabo de unos minutos, los cuales a Rita se le hicieron eternos, el conductor estacionó el automóvil al lado de la acera y se bajó de éste para ayudar a la mujer a bajar sus dos maletas.

Una vez allí, rodeada por gente de su misma cultura, al igual que algunos turistas que esperaban la hora de montarse a los autobuses con destino a las playas del Pacífico Norte, Rita se sintió protegida.

Tomó un billete que había guardado en la bolsa delantera de su pantalón durante el viaje en taxi y se lo entregó al hombre para pagarle la tarifa del trayecto hasta ahí. Éste le entregó el vuelto y Rita se dirigió de inmediato a la boletería con el fin de comprar el tiquete con antelación, aunque sabía muy bien que el bus con destino a la zona donde vivía su amigo saldría en una hora.

Normalmente en otras ocasiones cuando ella esperaba en fila con su marido para entrar a algún sitio, éste se impacientaba y daba rienda suelta a los comentarios negativos sobre la cultura de Centro América, los cuales, eventualmente socavaron todas las raíces de su relación.

Ahora, escondida entre la multitud, Rita agradecía al cielo la oportunidad de estar de pie en una fila con veinte o treinta personas delante de ella, pues aquí podría ella esconderse entre la multitud y pasar así, desapercibida entre ellos.

No obstante, aún no encontraba paz en su corazón.

En su mente, debido a la particular situación vivida durante cinco largos años, la mujer fantaseaba que su esposo sospechaba de sus intenciones o había escuchado aquella llamada telefónica que ella realizó hacia dos semanas atrás, y en cualquier momento éste aparecería en la terminal de autobuses.

Pero, también el sentido común inherente en ella, le dijo que esto era prácticamente imposible y que muy pronto estaría a salvo; lejos, muy lejos de él.

Parecía increíble, sin embargo, encontrarse ahí; en la estación de autobuses, sola sin él. Su esposo había logrado en los últimos cuatro años que ella dependiera exclusivamente de él para poder salir de su casa.

Sin embargo, la mujer motivada más por temor que por algún otro motivo, se había quedado a su lado con las manos y los pies atados por medio de un mecate invisible, pues en realidad ella sí tenía alternativas.

Ahora, ella sentía la misma sensación que experimenta un pájaro en cautiverio en el momento en que su dueño deja la puerta de la jaula abierta, por equivocación, y movido por el instinto de todo animal, éste huye y se remonta por los aires; ¡libre al fin!

Finalmente, luego de caminar en la fila, paso a paso hasta llegar a la ventanilla de la boletería, sacó el dinero que el taxista le había dado y dijo con valentía: un tiquete para Santa Cruz.

El empleado tomó el dinero y procedió a arrancar un boleto de la libreta de tiquetes y se lo entregó. Seguidamente, ella se salió de la fila y con un gesto de la mano le dio paso al siguiente pasajero.

Con el preciado pedazo de papel en su mano, Rita tomó las pesadas maletas que anteriormente había colocado en el suelo, y cargando una en cada mano, se dirigió hasta la sala de abordaje para tomar asiento y esperar ahí hasta que anunciaran la salida del autobús por el altavoz.

Durante los primeros minutos, la joven mantuvo una mirada vigilante al observar a todas las personas a su alrededor.

Después, miró su reloj de pulsera y éste le dijo que faltaban diez minutos para la una de la tarde; hora en que el autobús estaba programado para salir hacia su destino.

Algunas personas que se encontraban en la sala de abordaje también miraban sus relojes, de vez en cuando. Otras, impaciente ya, caminaban lentamente de un lado para otro, como si de esta forma pudieran acortar el camino hacia su destino.

Pronto, se escuchó la voz de un hombre y luego la silueta de éste apareció ante ella como un ángel que llega en un momento donde pensamos que todo está perdido.

–Todos los pasajeros que van a Santa Cruz tomen sus tiquetes y hagan fila aquí-, dijo con firmeza, al mismo tiempo que con un gesto de su mano le indicaba a cada una de las personas ahí presentes que se colocaran uno detrás del otro a un lado del autobús.

Rita, con la velocidad de un resorte, se levantó del asiento al igual que lo hace un niño cuando su madre o padre le muestra una barra de chocolate. Tomó sus maletas y se puso en fila detrás de un hombre alto y grande.

De esta forma podía ella esconderse y no ser vista desde la calle.

Al cabo de unos instantes, que parecieron horas en ese momento, pero que meses después recordaría con amor hacia ella misma, fueron pasando todos los pasajeros: de uno en uno, hacia el interior del autobús; logrando así entregarle al chofer sus tiquetes.

Una vez que Rita subió su pie derecho y lo colocó sobre el primer peldaño del autobús, poniendo luego su pie izquierdo y de esta forma subir hasta llegar al asiento del chofer, entregó a éste su tiquete y seguidamente se dirigió con sus maletas hasta la fila cuyo número le indicaba que era ahí donde debía sentarse.

De repente, sintió una voz masculina que dijo: Señorita; si gusta le coloco las maletas en el maletero.

Por un prolongado instante, le invadió una sensación de pánico, pero luego, cuando ella volteó su cabeza y constató que la voz provenía del chofer del autobús, le entregó a éste sus maletas, no sin antes agradecerle efusivamente por tan amable gesto.

Rita tomó asiento al lado de un hombre fornido, de escasos treinta años y con el rabillo de su ojo izquierdo determinó que éste sería un excelente compañero de viaje, pues llevaba un libro abierto sobre su regazo, y esto le garantizaba que ella no tendría que conversar con ningún extraño.

Después de todo, no podría hablar, pues su mente se encontraba ahora fija en una sola imagen: su esposo entrando a la casa y descubriendo que ella no estaba ahí. Esta imagen le llenó de terror, sin embargo, justo en el momento en que ella abrió los ojos e intentó pensar en otra cosa, el conductor cerró la puerta del autobús y de inmediato arrancó el motor.

De pronto, Rita dejó escapar un suspiro de alivio y echó su cabeza hacia atrás para recostar ésta sobre el suave y reconfortante respaldar del asiento mientras escuchaba el sonido del motor del autobús. Fue entonces que el chofer puso el vehículo en marcha, y en forma lenta pero segura, sacó éste de la terminal.

Rita se acomodó en el asiento y miró hacia adelante, pues se encontraba sentada en la segunda fila y tenía vista hacia la carretera que la llevaría a su destino. El conductor aceleró hasta llegar a la primera señal de alto. Seguidamente, aceleró y se dirigió sin parar hasta llegar a la salida de la

ciudad. Luego, giró a la derecha y de prisa tomó la autopista General Cañas rumbo hacia la provincia de Guanacaste.

No fue hasta que pasaron unos meses, que Rita pudo explicar con palabras todos los sentimientos que le invadieron en ese momento.

Era hora de descansar y sentirse libre, pero la mujer no lograba sentir paz en su espíritu. Miró a su alrededor. Había hombres, mujeres y niños; algunos comiendo golosinas y otros mirando por las ventanas.

Experimentó, por primera vez desde que salió de la casa a las once pasadas de la mañana, la profunda sensación de encontrarse en una situación con la cual había soñado por muchos meses, sin embargo, nunca imaginó que podía convertir en una realidad.

Luego, pensó en su madre y tuvo la certeza de que ésta le habría llamado ya varias veces y probablemente estaría preocupada al no encontrarla en su casa.

Apenas llegue a Guanacaste la llamo, -pensó.

También pensó en sus dos hijas, casadas ya y con hijos; a las que debía llamar una vez que se encontrara en la casa de su amigo.

En contadas ocasiones, las dos muchachas le habían rogado que dejara a su esposo, pues al ver la forma en que éste trataba a su madre, temían por su seguridad.

Además, Rita había sido siempre para ellas, un ejemplo de mujer que luchaba por salir adelante en la vida, y en esta ocasión, ella debía darles una vez más, el ejemplo de una mujer que logra dejar atrás una situación dolorosa de maltrato.

Una vez que el autobús mantuvo su marcha por un tiempo considerable y se enrumbaba a toda velocidad en dirección Santa Cruz, Rita miró su reloj y vio que ya eran las cuatro de la tarde.

Ya estaban todos por llegar a la ciudad de Liberia, y era justo aquí donde el bus haría su primera parada desde que saliera de la ciudad a la una de la tarde.

Al llegar a la terminal el chofer abrió la puerta y de esta forma permitió que bajaran del autobús todos los pasajeros que tenían esta ciudad como destino final.

Una vez que éstos bajaron y el chofer cerró la puerta para continuar su viaje, Rita notó que los dos primeros asientos estaban vacíos, por lo que decidió tomar sus maletas y sentarse al frente, y poder así disfrutar del resto del viaje al mirar el sol ponerse en el oeste cuando el vehículo tomara rumbo a Nicoya.

Se sentó, pues, en el asiento junto a la puerta del autobús y continuó su viaje con los ojos bien abiertos mientras la mayoría de los pasajeros que le acompañaban aun, dormitaban de forma apacible en sus asientos respectivos.

La ancha carretera asfaltada de cuatro carriles de ancho se tornó, de pronto, en un camino de lastre con solo dos carriles, y éste era el primer indicio de que pronto estaría por llegar a Nicoya.

Miró hacia adelante y justo en el instante en que el sol se ponía detrás de las montañas doradas, sintió como si un cuchillo se hubiera insertado en su estómago, al mismo tiempo que experimentó la visualización en su mente de la cara de su marido.

Fue solamente por unos segundos.

Estaba segura de que su esposo había llegado a la casa, y en ese preciso instante se había encontró la carta de despedida que ella dejara sobre su escritorio.

¡Fue un grito! Un grito de profunda y loca desesperación que se escuchó por toda la casa. Los perros comenzaron a ladrar mientras el hombre, totalmente fuera de sí, pateaba todo lo que se encontraba a su paso, incluyendo los muebles de madera que consideraba su más extravagante adquisición.

En un principio, al llegar éste a su casa, le invadió una sensación extraña al notar que las luces estaban apagadas y los perros aún se encontraban amarrados en el jardín.

No obstante, habiéndose bebido una botella de licor, de forma tambaleante, el hombre corpulento se bajó del carro y trató de abrir la puerta que normalmente se encontraba abierta. Sin embargo, en esta ocasión no fue así.

Extrañado más aun por la inusual conducta de su esposa, buscó las llaves en la bolsa de su pantalón y sacando el manojo, insertó la llave de la puerta principal en el llavín.

No fue hasta que hizo varios intentos con diferentes llaves, que finalmente logró abrir la puerta.

Invadido por un súbito ataque de ira, llamó una vez: -¡Rita!-, pero no escuchó respuesta alguna. Luego, encendió la luz de la sala y cerrando la puerta tras de sí, se dirigió hacia el dormitorio, en dirección al baño, y de último a la oficina.

¡Por fin!, colocada sobre el escritorio, encontró la respuesta a su pregunta.

En un sobre dirigido hacia él, encontró una carta de dos páginas de largo en la cual la mujer le explicaba, con lujo de detalles, las razones por las cuales ella se veía obligada a alejarse de su lado, y le rogaba que no intentara buscarla, pues ella jamás regresaría.

Durante los meses que sucedieron al evento, Rita se fue enterando de forma gradual, acerca de los acontecimientos que ocurrieron esa noche y las semanas posteriores al descubrimiento de la carta.

Como era de esperarse, su esposo la acusó ante todas las personas, de ser una mujer mentalmente inestable ya que además de ser una mujer vieja y malagradecida, ella había huido de su lado sin tener la decencia de ofrecerle una explicación; cara a cara.

Por supuesto, ante tales comentarios, muchas personas le echaron toda la culpa a ella. Inclusive, aquellas mujeres que aparentemente sufrían en silencio y con las cuales ella compartiera en las fiestas, decían que ella había actuado con impulsividad, y pensaban que había mejores formas de resolver este tipo de situaciones.

Otras, en cambio, le otorgaron a Rita el beneficio de la duda.

Mientras tanto, el autobús se dirigía hacia Santa Cruz a toda velocidad, y cuando Rita miró por la ventana, ella supo que su amigo le esperaba ya en la terminal de autobuses, tal y como lo había prometido con anterioridad.

Apenas el autobús entró a la terminal, la mujer divisó el automóvil de color azul marino, y tomando las maletas se puso de pie.

Finalmente, el chofer detuvo el autobús y procedió a abrir la puerta para que los pasajeros bajaran.

Rita bajó los tres peldaños con sus maletas en las manos, no sin antes agradecerle a éste por haberla traído hasta allí; sana y salva.

Al bajar el último peldaño y poner pie en el asfalto del suelo de la terminal, sintió por fin, que había llegado a tierra.

Fue entonces, que su gran amigo se bajó del carro y caminó hacia ella.

Luego de un prolongado abrazo, se separaron y mirándola a los ojos con la mirada llena de orgullo, su amigo exclamó: ¡Lo lograste!

- ¡Sí-, respondió ella!

-Pues, vamos a la casa entonces-, dijo-. Le pedí a doña Consuelo que te preparara una sopa de pollo.

- ¡Gracias! -, dijo ella-. Tengo que llamar a mis hijas y a mi madre.

-Apenas lleguemos, te acomodas en el dormitorio y hablas todo lo que quieras -, respondió él.

Don't miss out!

Visit the website below and you can sign up to receive emails whenever Iris Acevedo A. publishes a new book. There's no charge and no obligation.

https://books2read.com/r/B-A-JPID-HHMR

BOOKS 2 READ

Connecting independent readers to independent writers.

About the Author

Iris Acevedo A. was born in Costa Rica in 1959. She lived and grew up in Ohio, Oklahoma and Kansas, returning to Costa Rica in 1976. Iris is the founder of CostaRica SpanishOnline, the first online Spanish school in Costa Rica to provide independent learners with live One-On-One Spanish Immersion Courses via Skype. In 2017, we have branched out and are now offering English Conversation Skills courses to Latina American learners residing in Costa Rica and abroad.

During her over 30 years' experience teaching Spanish as a Foreign Language to learners from all over the world who have visited Costa Rica in order to learn Spanish, she took a keen interest in independent learners: an emerging group of students who have studied English and Spanish on their own, and somewhere along the process seek a Spanish language teacher to guide them. This is her field of expertise.

Iris has written several articles on Spanish Language Tips and Top Questions for Ezine.com, such as The Spanish Subjunctive and The Future Tense, The Use of The Spanish Pronouns "Vos, Tú and Usted", among others.

Iris has put together 3 series of Spanish Readers :
-Spanish Reader for Beginners-Elementary-3 books (Audio Coming Soon)
-Spanish Reader for Beginners, Intermediate and Advanced Students-8 books
-Spanish Conversation Books-4 books (Audio Coming Soon)

All books contain a combination of Spanish Grammar structure and phrases lying within a narrative style with an unusual twist that keeps the independent student engaged and entertained while achieving a higher level of knowledge and conversation skills.

Please note that our Readers and Conversation Books are not Grammar Books or Travel Guides. The only books of our collection that contain Grammar exercises are: Spanish Reader for Beginners-Elementary, Elementary II, and Elementary III, with a complete translation from Spanish to English for those students who are just beginning to make their first or second attempt to learn the language on their own.

Read more at costaricaspanishonline.com.